Man bringe den Spritzwein!
Die legendärsten Sprüche von Michael Häupl

Man bringe den Spritzwein!

Die legendärsten Sprüche
von Michael Häupl

Gesammelt von Peter Ahorner

1. Auflage 2018
© Carl Ueberreuter Verlag, Wien 2018
ISBN 978-3-8000-7716-8

Alle Rechte vorbehalten. Das Werk darf – auch teilweise –
nur mit Genehmigung des Verlages wiedergegeben werden.

Covergestaltung: Saskia Beck, s-stern.com
Coverzeichnung und Innenillustrationen: © Michael Pammesberger
Lektorat: Marina Hofinger
Satz: Walter Reiterer, reiterergrafik.at
Druck und Bindung: Finidr s. r. o.

www.ueberreuter-sachbuch.at

Inhalt

Geleitwort von Dr. Michael Häupl	7
Zoon politikon	9
Häupl über Häupl	11
Über die Genossen	21
Über Politik	29
Über Wahlkampf	51
Über Wien	61
Über Philosophie und Kultur	69
Vita	77

Geleitwort von Dr. Michael Häupl

Geschätzte Leserin!
Geneigter Leser!

Na ja, wird so mancher von Ihnen, leicht kopf-
schüttelnd, sagen: Hat er das notwendig? Oder: So
toll waren manche seiner „Sager" auch wieder nicht,
oder noch Schlimmeres.

Ganz falsch sind einige dieser Einwände nicht.
Viele – ja, fast alle – sind aus Spontansituationen
heraus entstanden und zwar ehrlich, aber nicht immer
gut. Sager, wie der über die „mieselsüchtigen Koffer",
waren keine Sternstunde meiner Rhetorik und wären
besser nicht gesagt worden. Manche, wie der „22
Stunden Arbeitszeit"-Sager, wurden aus dem Zorn
geboren. Zorn über einen Bezug zwischen einer
Arbeitszeitdiskussion und „Krieg".

Bei allen diesen Aussagen aber sind zwei Elemente
wichtig: Authentizität und Humor. Authentizität ist die
Übereinstimmung mit sich selbst, und Humor – für
alle, die mich wirklich kennen, – ein Wesenszug von
mir. Wobei ich mich immer bemüht habe, die Grenze
zwischen Humor und Zynismus möglichst klar zu
ziehen. Es ist mir nicht immer vollständig gelungen,

daher möchte ich all jenen, die sich durch einen meiner Sager gekränkt fühlen, sagen: Tut mir leid, es war nicht beabsichtigt.

Und nicht zuletzt wünsche ich allen, die Ehrlichkeit schätzen und mein Verständnis für Humor teilen, viel Spaß bei dieser Erinnerungslektüre.

Ihr
Michael Häupl

Zoon politikon[*]

„Cervisiam bibat" (Man trinke Bier), meinte Hildegard von Bingen [**] im 12. Jahrhundert. Im 21. Jahrhundert ist Michael Häupl nicht Oberbürgermeister von München und sagt daher als Wiener Bürgermeister zum Ober: „Man bringe den Spritzwein!"

Bereits während seines Biologie-Studiums (er dissertiert über tropische Kleinechsen) agiert Michael Häupl als politisches Wesen: Er ist Bundesvorsitzender des VSStÖ. [***]

„Deine depperten Frösche kannst du auch später noch zählen." Mit diesen Worten holt Helmut Zilk den Biologen Häupl 1988 als Umweltstadtrat in das Rathaus. Übung macht den Bürgermeister: Michael Häupl schafft die Quadratur aus Intellektualität und Volksnähe: Ob scharf pointierte Betrachtungen von Doktor Häupl oder Michls augenzwinkernde Bonmots mit lebenszugewandter Wiener Gelassenheit – die Adressaten kennen sich aus.

Sein Buch „Die Kriechtiere und Lurche Niederösterreichs" *war eine gute Vorbereitung auf die Politik. Bis heute muss ich den Leuten*

---

[*] Der Mensch als soziales, politisches Wesen (laut Duden)

[**] Mystikerin und Heilkundlerin

[***] Verband Sozialistischer Studenten Österreichs

*erklären, dass das ein zoologisches Fachbuch ist –
und kein politisches."* (Der Biologe Häupl war von
1975 bis 1983 wissenschaftlicher Mitarbeiter des
Naturhistorischen Museums in Wien.)

Auch als Politiker hat sich Michael Häupl von der
Forschung nie gänzlich gelöst: *„Ich bin noch immer
mehr Profi-Biologe als Hobby-Zoologe."*

Wer weiß, vielleicht beschenkt er uns zu seinem
70. Geburtstag mit neuen wissenschaftlichen
Arbeiten, etwa *„Untersuchungen am Mechanismus
holozyklischer Wirtswechsel der Daktulosphaira
vitifoliae"* [****] oder *„Empirische Ursachenanalyse
über archaische Phonetik-Diskurse zwischen
Fleischlaberln mit Erdäpfelpüree* [*****] *und Buletten mit
Kartoffelstampf".*

Nicht Demagoge, Biologe im wahrsten Wortsinn
ist Michael Häupl. Wiener Bürgermeister war er, für
viele wird er es bleiben. Nicht zuletzt durch seine
Aussagen, deren schillerndste in diesem Band zu
lesen sind.

[****] Reblaus
[*****] Michael Häupls Lieblingsspeise

Häupl über Häupl

„ Ich bin ein lockerer Bursche.

2008, (noch) mit absoluter Mandatsmehrheit regierend: die nicht widerlegbare Eigenwahrnehmung als Selbstmotivation und Ansage an Kontrahenten.

„ Ich bin kein zweckentleerter Motschkerant.

Sein Credo: Kein notorischer Querulant will ich sein, allfälliges Nörgeln ist begründet.

> # Was i wahrscheinlich nie könnt´, das wär´ a Kellner.

Ist das entscheidende Wort hier „wahrscheinlich"?

„ Das Fiaker-Image ist schon ein Teil von mir. Ein Brillant hat viele Facetten.

Sein Wien hätte er wohl oft lieber an der frischen Luft erklärt. Mit Ecken und Kanten.

„„ Was mir im Zirkus am meisten Spaß macht, sind die Clowns, weil ein bisschen sind die Artverwandte meines Berufs.

Löwenbändiger musste er nie sein, eher Flohzirkusdirektor.

„ Ich bin mein eigener
Nachfolger.

2015, Regent und Thronfolger in Personalunion.

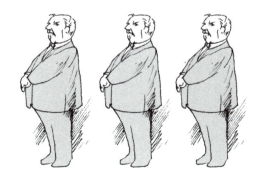

„ Ich habe mit 10 Jahren angefangen, mit 14 spielte ich in einem Verein. Vor circa 30 Kilo habe ich mit dem Fußball dann aufgehört. Heute gibt es dann höchstens ein Kickerl.

Dr. Häupl, Vorsitzender des Kuratoriums des Fußballklubs Austria Wien.

„ Weicheierei ist mir ohnehin nie gelegen.

Lieber harte Konfrontationen als faule Kompromisse.

„ Ich hasse Käsekrainer.

Vermutlich mag Feinspitz Michael Häupl „eitrigen" Käse nicht.

Über die Genossen

,, Die SPÖ ist die lustigere Partei, wenn ich mir all die anderen mieselsüchtigen Koffer anschaue, die so herumrennen.

1999, Grußadresse an die Opposition.

„ Auch wenn die SPÖ die Regierung übernimmt, fällt ja nicht das Manna vom Himmel.

Ein ehrliches Wahlversprechen, das gehalten wird: Himmlische Zustände werden selbst dann nicht herrschen, wenn seine Partei regiert.

,, SPÖler sollten wie Sozialdemokraten reden und nicht freiheitliche Mimikry betreiben.

Beim Thema Asyl verwendet Biologe Häupl 2015 den Begriff Mimikry: Anpassung, die der Täuschung oder dem eigenen Schutz dient.

„ Hör mir zu und plärr´ net umadum.

1. Mai 2016. Bei der Kundgebung am Rathausplatz gibt es Buhrufe gegen Kanzler Faymann, Bürgermeister Häupl ruft einen Genossen zur Ordnung.

Das Schauspiel, das wir Sozialdemokraten in den letzten Wochen geboten haben, ist an sich einer Organisation wie der SPÖ nicht würdig.

Selbstkritik 2017, verpackt in Tadel an seiner Partei. Persönlich von ihm gerügte Genossen haben die Botschaft, vermutlich auch ohne genannt zu werden, verstanden.

„ Ich habe mir gedacht, ich stehe jetzt knapp vor der sozialdemokratischen Seligsprechung.
Aber ihr könnt euch gar nicht vorstellen, wie viel Lob man im Leben ertragen kann.

2018, Abschied am Rathausplatz. Der scheidende Bürgermeister ist hörbar gerührt.

Über Politik

„ Ich bin Bürgermeister, nicht Gott.

Eine klare Botschaft, nur Gott kann das Gegenteil behaupten.

„ Man bringe den Spritzwein!

2012, anlässlich der Unterzeichnung des Koalitionspaktes mit den Grünen. Diese lebensfrohe Aufforderung wurde rasch zu Wiener Sprachgut.

„ Wir werden zuerst das Ei legen und es dann ausführlich begackern.

2012, das Koalitionsabkommen ist geschlossen, der erfahrene Michael Häupl will aber schrittweise ins Detail gehen.

„ Ich bin weit weniger autoritär als mein Ruf.

Die Grünen regieren erstmals im Rathaus mit, Häupl will allfällige Bedenken zerstreuen.

,, Wir sind – mit Verlaub gesagt – nicht die Deppen der Nation.

2014. Häupl erklärt, nicht nur Wien sei für Asylwerber zuständig und nimmt auch die anderen Bundesländer in die Pflicht.

„ Ich könnte so was nie tragen, verständlicherweise. Bei uns waren die Glockenhosen ja mehr das modische En Vogue.

Ein verbales Schmunzeln über seine stattliche Figur mit einem zarten Seitenhieb auf die „Slim-Fit-Politiker".

,, Wir müssen ja nicht als Almdudler-Pärchen auftreten – bei aller Wertschätzung für dieses Getränk.

Michael Häupl geht auf Distanz zur Vizebürgermeisterin Maria Vassilakou. Kräuterlimonade schätzt er, zur Schau getragene Idylle mit dem Koalitionspartner schmeckt ihm nicht.

,, Jedes Bett für Asyl-
suchende ist wertvoller
als sinnlose Zurufe.

*2015, in Richtung Burgenland-Landeshauptmann
Hans Niessl.*

„ Verarschen tu ich mich lieber selber, weil das ist lustiger.

Häupls Konter gegen Oberösterreich, das behauptete, nicht mehr Flüchtlinge aufnehmen zu können, da sich in Wien so viele aufhalten würden.

„ Ich hab´ immer einen Plan.

2017 über seinen Nachfolger.

„ Den Politikern geht es wie den Hunden:
Da zählt man ein Jahr für sieben.

Dass auch Siebenschläfer in der Politik tätig sind, wird höflicherweise nicht erwähnt.

„ Der Opernball ist zweifelsohne ein Arbeitsball, es ist Arbeit, die man da macht.

Prominente aus Wirtschaft, Kunst und Sport sehen den „Ball der Bälle" vermutlich ähnlich.

„ Ich hab immer gesagt,
außer dem Erwin und
mir weiß sowieso keiner,
wo die Grenzen
zwischen Wien und
Niederösterreich sind.

Geografieunterricht im Fach Politische Bildung. Und einer der vielen Belege für die freundschaftliche Achse zum niederösterreichischen Landeshauptmann Pröll.

„ Bildung ist zu wichtig, um sie auf dem Altar der politischen Wadlbeißerei zu opfern.

Sein großes Anliegen: Bildung für alle. Wadeln haben auf einem Altar nichts verloren.

„ Die Finanzmärkte müssen kontrolliert werden, denn dort wird spekuliert.

Legitimes Wunschdenken, der Traum von der Kubatur des Kreises: kontrollierte Finanzmärkte, an denen nicht spekuliert wird.

„ Das einzig Grüne, das ich mag, ist der Grüne Veltliner.

Alleinregierende Koalition mit Gerebeltem?

„ Niemand ist gestürzt worden. Sie sehen mich in aller Pracht und Herrlichkeit.

Auch aus einer Krisensitzung kann man gestärkt hervorgehen.

„Nicht jede Büroquerele ist eine Katastrophe oder ein Grabenkampf.

2017, parteiinterne Auseinandersetzungen gehören dazu.

„ Es hat keinen Sinn, die Waste-Watcher von der MA 48 anzuhalten, dass sie auf die Handtasche der Frau Innenministerin aufpassen.

Dr. Häupl erinnert daran, dass der Staat mit seiner Bundespolizei das Gewaltmonopol hat, somit Magistratsabteilungen andere Aufgaben haben.

> **Die Politiker von morgen werden eher trockene Managertypen. Wir Entertainer sterben aus.**

Wen er noch als Entertainer meint, erfahren wir nicht, können es uns aber denken.

Über Wahlkampf

,, Wahlkampf ist Zeit fokussierter Unintelligenz. Da passieren halt gelegentlich Dinge, die nicht gescheit sind – leider auch in der eigenen Partei.

2005, Häupl mahnt auch Parteifreunde. Ob die Zeit zwischen Wahlkämpfen eine der fokussierten Intelligenz ist? Sagen wir es so: Irgendwie ist immer Wahlkampf.

„ Man schickt mich in den Krieg gegen diesen Finsterling, um auch in Zukunft ein von der Welt bewundertes Wien zu haben. Okay. Ich mach´ das. Aber dann darf man mich nicht schimpfen, wenn ich aus einer Schlacht verschwitzt, leicht blutig und gelegentlich mit groben Worten zurückkomme.

Eine Wahl-Auseinandersetzung ist keine Kinderjause.

„ Wir wählen keinen
Dressman. Er ist zwar
fescher, hat aber eine
beschissene Politik
gemacht.

2008, Wahlkampf gegen H.-C. Strache, subtil
verwendet Michael Häupl den Komparativ von fesch.

,, **Ihr könnt einen von diesen Blödeln wählen, aber ihr müsst wissen, was ihr tut.**

Der Bürgermeister warnt vor Alternativen, die keine guten seien.

„ Wenn Sie Ihre Tochter nicht in die Schule lassen, dann reiß´ ich Ihnen die Ohrwascheln ab.

Michael Häupls Appell an einen türkischen Vater, dem wir nachträglich wünschen, seine Tochter nicht daheim gelassen zu haben.

„ Wien ja nicht in Deppen-Hand.

2009, Wahlkampf: Replik auf islamophobe FPÖ-Slogans.

,, Ich bin Teil dieses Wahlkampfes und damit auch Teil der fokussierten Unintelligenz.

2013, selbstkritisch: Wahlkampf löst auch bei ihm eine rhetorische Eigendynamik aus.

„ Ein Wahlkampf ist kein Elmayer-Tanzkurs.

2017, über den Nationalrats-Wahlkampf. (Ob er dabei an den G'schupften Ferdl*⁾ gedacht hat?)

*⁾ Legendäres Lied von Gerhard Bronner über eine Tanzschule in der Vorstadt

Über Wien

„ Wien darf nicht verwechselbar mit dem Zentralfriedhof werden.

1996, Präsentation des SPÖ-Wahlprogramms: Auch die Jugendkultur ist ein Anliegen von Michael Häupl.

,, Wer will, dass es so bleibt, wie es ist, muss wahnsinnig viel ändern.

Erneuern, verbessern, verändern, um Gutes zu bewahren.

„Wenn ich will, dass Investoren kommen, dann kann ich nicht deppert reden über unseren Wirtschafts- standort.

Wien kann sich nicht nur sehen lassen, sondern auch erfolgreich mit anderen Städten messen.

„ # Auch das ist smart: Dass man ordentlich miteinander umgeht.

Zur „Smart City" (Begriff für Entwicklungskonzepte, um Städte effizienter, fortschrittlicher und sozialer zu gestalten).

,, Die Stadt Wien macht keine Migrationspolitik. Das wird durch Bundesgesetze geregelt – durch das Fremdenrecht. Was wir aber zu tun haben, ist Integrationspolitik, und zwar auf allen Ebenen.

Integration per Dekret hat noch nie funktioniert, auf die Haltung kommt es an.

„In Wirklichkeit geht es darum: Wie schaut das Biotop Stadt aus, in dem die Kultur leben kann?

Auch als Bürgermeister ist und bleibt er Biologe.

„ Mei Wien is ned deppert.

2017, Michael Häupl freut sich über die Wiener SPÖ-Wähler bei der Nationalratswahl.

Über Philosophie
und Kultur

„ Einen guten Roten erkennt man am Alter.

Wir lernen: Einen jungen Blauen Portugieser muss er nicht unbedingt haben.

„ Das Buch ist das unbestechlichste aller Medien.

Dr. Häupl verwendet den Superlativ von unbestechlich, weiß er doch um die Haltung mancher Verleger, Autoren und Leserschaft.

In Wahrheit bringt – rein ökonomisch gesehen – dem Steuerzahler die Kultur mehr, als sie kostet.

Kultur kann teuer sein und werden, was Kultur ist, wissen oft allzu viele.

„ Wenn ich 22 Stunden arbeite, bin ich Dienstagmittag fertig.

2015, Anmerkung zur Dienstauffassung mancher Lehrer.

„ Da hat man auf dem Podest zu stehen und sich von den Tauben bescheißen zu lassen und nicht herunterzusteigen und dauernd blöd zu reden.

2018, Dr. Häupl über das Leben nach der Politik.

„ Ich habe nicht die Absicht, Bürgermeister von Wien zu werden.

1993 im ORF-Interview. 1994 ist Dr. Häupl
Bürgermeister von Wien.

Vita

Michael Häupl wurde am 14. September 1949 als Sohn einer Lehrerfamilie in Altlengbach geboren.

1968 Matura in Krems

Studium der Biologie an der Universität Wien

1977 Promotion zum Dr. phil (Dissertation über tropische Kleinechsen)

1975 bis 1983 wissenschaftlicher Mitarbeiter im Naturhistorischen Museum Wien

1975 bis 1978 Bundesvorsitzender des VSSTÖ

Seit 1978 Mitglied des SPÖ-Bezirksparteiausschusses von Wien-Ottakring

1983 bis 1988 Mitglied des Wiener Gemeinderats und Landtags, danach bis 1994 Amtsführender Stadtrat und Landesrat für Umwelt und Sport

1993 Landesparteivorsitzender der SPÖ

1994 Nachfolger von Helmut Zilk als Bürgermeister und Landeshauptmann

2018 Übergabe an Michael Ludwig

Seit 2018 mehr Zeit für Hobbys: die private Bibliothek, Kochen und Fußball

Frau/~~Herrn~~ Professor STRENGER als Referenten
    "   "   STARMÜHLNER

N13   zur Begutachtung.
Wien, am -7. Nov. 1977   Der Dekan:

Funktionsanatomische Untersuchungen am
Schädelskelett und der Kopfmuskulatur
verschiedener Arten der Fam. Gekkonidae

D i s s e r t a t i o n

zur Erlangung des Doktorgrades

vorgelegt

der formal- und naturwissenschaftlichen

Fakultät an der Universität in Wien

von

Michael Häupl

1977

Promoviert zum 2 1. Dez. 1977
Dr phil. am

Humor bei Ueberreuter

Peter Ahorner
Wiener Wörterbuch
120 Seiten, Hardcover
ISBN 978-3-8000-7703-8

www.ueberreuter-sachbuch.at